회전하는 직선

지성·감성의 메타언어
조선문학시인선·315

회전하는 직선

김 익 진 시집

조선문학사

■ 책머리에

회전하며 직선으로

꽃 피고 꽃 지는 것을 보면서도
나는 아니겠지 하고
번개치고 천둥치는 것을 보고도
짧은 삶 모른다

비 오고 그침을 보며
세월 가는 줄 모르고
해 뜨고 해 지는 하루가
같은 날인 줄 안다

모든 것이 지나간다
회전하며 직선으로

2012. 6월
김익진 씀

회전하는 직선

책머리에

제1부
광장에 앉아

무지개 · 1 / 11
무지개 · 2 / 12
광장에 앉아 / 13
겨울아침 / 14
하늘 / 16
영안실 / 18
그림자 / 19
초승달 / 20
꽃 눈물 / 21
탈출 / 22
균열 / 24
노을 · 1 / 25
노을 · 2 / 26
낙조 / 27
미련 / 28
밤돋이 / 29

십자가 / 30
밤 / 31
죽음 / 32
단상 / 33
도시의 새벽 / 34
틈 / 35
개기일식 / 36
침묵의 도시 / 37
야생화 / 38
파울 첼란 / 39
꿈 / 40
비가 내린다 / 42
여명 / 44
밤하늘 / 45
기억 / 46
겨울 호수 / 48

제2부
소우주

회전하는 직선 / 51
성장 / 52
수백억 광년의 사랑 / 54

수백억 광년 후 이별 / 55
지구 / 56
곡예비행 / 57
소우주 / 58
우주 / 59
은하철도 / 60
밤 이야기 / 61
생각의 속도 / 62
궁금 / 64
중력과 은총 / 65
시작과 끝 / 66
모두 다 과거 / 67
인연·1 / 68
인연·2 / 69
인연·3 / 70
시 / 71
시간·1 / 72
시간·2 / 74
공간 / 75
지뢰밭 / 76
이브 / 78
은총 / 80
통일장 / 81
거기 누구 없나요 / 82
탑승 / 84

하늘 끝자락 / 86
나무 / 88
무한 / 90
지구 / 91

제3부
우리가 사는 이 땅에

이별이란 / 95
두 물고기 / 96
사랑·1 / 98
사랑·2 / 99
사랑·3 /100
그리움·1 / 101
그리움·2 / 102
그리움·3 / 103
우리가 사는 이 땅에 / 104
길 / 105
복권 / 106
고향 / 107
해지는 봄날 / 108
방황 / 109
기다림·1 / 110

기다림·2 / 111
먼 훗날 / 112
하늘 이불 / 113
당황 / 114
임종 / 115
집착·1 / 116
집착·2 / 117
세상 밖으로 / 118

제4부
시집 평설

우주시대의 새로운 詩域에 도전 / 121

제1부
광장에 앉아

무지개 · 1

태양을 가두었다
뱉어내는 하늘방울이
앞산에서 뒷산으로 열을 짓는다

하늘길 위에서
햇살에 끌려가며
피를 토한다

붉은색
보랏빛으로 물들인다

끌고 가는 햇살마저
알알이 하늘방울에 삼켜졌다
튀어나온다

그 방울들이
앞산에서 뒷산으로
끌려가며 동여매는
하늘 머리띠

무지개 · 2

빛과 물방울이
허공에서 만났다

물방울의 경계를 파고든 빛은
우묵한 안쪽에서 굴절되어
퍼져 나온다

빨 주 노 초 파 남 보...

황금 옥좌 위에
돔처럼 휘어진 천국문의 바코드

알알이 이어진 결정체는 활처럼 휘어져
앞산에 와 있다

햇살 사이로
물방울이 알알이 내린다

천국문의 바코드

광장에 앉아

부카레스트 광장 벤치에 앉아있었다
초록빛 밤하늘은 별들로 가득했고
늦가을 바람은 쌀쌀했다

숙소에서
딱히 해야 할 일도 없고,
머물러 있어도 마찬가지였다

골목에서 밀려나온 어둠은
한낮 나른했던 루마니아 개들을
보듬고 있다

나는 왜 이곳에 앉아 있는가?

멀리 나와 있으면
다른 저편이 좋을 거라는 생각에
우연으로 포장한 여행이다

아직은 견딜 수 있기에
먼 길 돌아 벤치에 앉아 있다

겨울 아침

겨울은 바람 아래 누워 있고
성긴 햇살은
나뭇가지에 언 이슬을 찌르고 있다

태양은
밤새운 쾌락으로
탈색된 달을 삼킬 듯 올라와 있고
달은 깜찍하게 등을 돌리고 있다

결코 용서할 수 없어
도시를 핏빛으로 물들이던 태양은
산 정상을
루비빛으로 덧칠하고 있다

도시 속
미동도 없이 서 있는 굴뚝의 연기는
극명한 대칭으로 하늘을 가르며
골목마다 좁은 어깨들을
선악으로 구별한다

도시는
겨울 바람 아래 누워 있고
타락에 젖은 낮달은
밤새 벼린 쾌락을 감춘다

하 늘

파도에 구겨졌다
빗물에 젖고,
나르는 새에게는 갈라졌다
다시 접힌다

손을 꼭 쥐어본다
주먹만큼의 하늘이 빠져 나간다

수평선 위로 잔잔히 떨리고 있다

옷장마다
가난한 빈 주머니마다
납작 누워 있고,
구멍마다 가늘게 채워져 있다

들꽃잎에 흔들리고
흔들리는 꽃잎에는
하얀 흔적을 남긴다

사람들 걸음마다
상처가 남는다

땅 끝, 하늘 끝
하늘 시작 어디에나
구겨졌다 접혔다
상처가 난다

영안실

겨우 삼일만 머물다 간 그 방에도
문이 있었다

삼일만 머물다 가야지
철문 굳게 닫고 세상과 단절한 채
입을 꼭 다물었다

세상 것들 모두 가슴에 담은 채
합장으로 누워있었다

그 짧은 동안에도
우리는 문 밖에서만 머물렀고
그는 철문 안에서 구차한 입을 다물었다

겨우 삼일만 머물다 갈 텐데
옷깃을 여민 채 언 몸으로 찬 입술을 정리했다

말하지 않아 세상에 있었던 일들이
굳게 닫혀졌다

삼일만 머물다 간 그 방에도 철문이 있었다

그림자

종일 따라다니던 그가 싫어 깔고 앉았다
차문을 세게 닫고 잠가 버렸다
그를 피해
어두운 벽을 지나 좁은 엘리베이터를 탔다
기어이 발 밑까지 따라오던 그를
지그시 밟아 뭉개 버렸다

방은 어두웠고 그는 없었다
불을 켜보았다
벽에 그가 꺾여 누워 있었다
욕실에 들어가 물을 틀어
개수구로 겨우 밀어 넣었다

그가 없었다

창문 틈으로 들어온 가느다란 빛
누워 있는 그가 보였다
땀에 푹 젖어 있었다

초승달

하늘을 열고
이 땅 구석구석
모든 빛을 빨아들인 후
살포시 입을 다문 채
차가운 웃음을
짓고 있는

꽃 눈물

꽃 진 자리에
마침표 하나

낙화인 줄 알았더니
꽃 눈물

눈물로 떨구는
피 한 방울

탈 출
- Escape from Babel, 뉴델리

혼돈의 도시, 뉴델리에서
비행기표와 여권을 잃었다
땀에 젖은 나란 신분은
흔적도 없었다
내일 꼭 이곳을 떠나야만 했다

새벽에 호텔을 나섰다
안개 자욱한 길가에
뿌연 흙덩이들이 움직였다
사람들이었다

한낮은 덥고, 혼란스러웠다
가는 곳마다
한뭉치 서류를 든 채 줄을 섰다
홀 안은 이방인의 냄새로 가득했고 비좁았다

낯선 언어들 속에
필사적으로 선한 눈빛을 찾아
돌아갈 이유를 설명했다

그들 중 선한 눈빛을 만났고,
하루 끝에
임시여권에 스템프가 찍혔다
비행기표도 구했다

공항 가는 길은 붉게 물들어갔고
회색빛 도시 위엔
큰 새들이 날고 있었다

뽀얀 먼지 속, 어둠으로
도시가 사라질 때
비행기를 탔다

갈증과 허기가 났다

그때 꼭 돌아와야 할 이유가
살아가는 이유이다

균 열

먼 길 돌아 너를 찾아 배회(徘徊)했다
조각 끝을 따라가면
결국 너로부터 시작된 길

너에게서 벗어나고자 꺾이고 휘어진 것은
결국 먼 길 돌아 다가갔던 길

앙다문 채 버티며
다가간 길은
흔들리지 않는 파문

때론
산산이 깨어지고 싶었다

노을 · 1

오후까지 길게 누워 있던
그늘이 일어선다
손에 손을 잡고
구석구석 색깔을 훔친다
융단을 접듯이
서쪽으로 모여든다
산과 강을 건너 바다 끝에 이르자
비스듬히 일어난다
핏빛으로 물들어
숨을 몰아쉬는 불덩이를
내려다본다
하늘과 땅 사이에
한 치의 틈도 없이
그림자가 눕고 있다
태양이
마직막 숨을 고른다

노 을 · 2

나뭇가지 위에
새가 앉아 졸며
눈을 감았다 뜬다

눈꺼풀이
떴다 감았다 하는 만큼
세상이 좁아진다

눈을 지긋이 감는다

낙조

사라지는 것이 아니다

바다에 잘리듯
피 묻은 몸을 닦으며
가쁜 숨을 몰아쉬는 것도 아니다

심연 속으로 가라앉는 것도 아니다

우리를 돌리는 것이다
우리를 희롱하는 것이다

그 속임수에
갈릴레오도 죽었다

우리는 거대한 팽이
끝자락에 있다

미 련

시간이 빠듯하다
그리운 사람을 마음껏 사랑하기에
의기소침하게 짧다

시간이란 화살의 하강곡선
과녁을 향해 동행하는 그림자마저
언젠가 없어질 것이다
사라질 것이다

피안(彼岸)의 시간이 오기 전에
짤막한 잠시라도
해약하고픈 시간이 있다

사랑할 시간이
예수의 시간처럼 빠듯하다

유예될 수 있고
해지될 수 있는 시간은 없단 말인가
롯의 아내처럼 뒤돌아보고픈
세상이여

밤돋이

지하 벽장 속
해방군을 기다리던 게릴라처럼
슬금슬금 합류한다
숲속에서 대기하던 기마병들이
검은 소나기로 달려 나온다
바위 틈새에 숨어있던 잔여물마저
뒤집고, 들어 올려 챙겨간다
수평선에 붉은 돔을 삼키듯
등 구부려 다가간다
밤돋이가 시작된다
구름마저 덮어버리는
어둠의 꽃이
커튼을 치듯 땅 위에
만발한다
구불구불 수로에서 나온
메기의 웃음으로
어둠이 내린다

십자가

엇갈려 놓은
젖은 물푸레나무가
십자가인양
그 밑에 누워본다

바라건대
그 고목이
못에 박혀있고 끈으로 묶여있지
않았으면 한다

언제든
양쪽으로 내려놓을 수 있도록

늘 회개의
결심 끝자락에 서 있었지만
오늘은 왠지
그 십자가를 보듬고

울고 싶은 날

밤

얼어있던 자작나무 숲에서
길 위로 걸어 나온다
보리밭 밀밭을 지우면서 지나간다
배수관을 타고 내려와 가로등과 월츠를 춘다
창가에 볼을 비빈다
계단을 타고 내려와 거실을 채운 후
변기 속을 가득 메운다
책 페이지 틈새를 지나 벽을 타고 선반을 뒤진다
지하실 구석마다 넘쳐 나온다
옷 주머니에서 나와 문틈으로 흘러나온다
흔들리는 꽃잎 따라 공간을 지워간다
물과 바위 틈새가 하나 된다
하늘과 땅이 대칭을 이룬다

죽 음

늘 곁에 있었지만
보질 않았고

늘 속삭였지만
듣질 않았다

가깝게 다가왔을 땐
느끼질 못했고

가자 할 땐
딴청을 했다

기어이 가자 할 땐
거절할 수 없었다

단 상

중년
　때로는 신화 같은 사랑을 하고 싶다

미인
　단지 잘 빚어진 화합물이다

입춘
　연못가에 개구리가 하품을 한다
　혀끝이 시리다

번개
　하늘이 사납게 입을 앙 다문다

그리움
　눈 속의 별들이
　눈물 되어 유성으로 떨어지던 새벽녘까지

　깨어있어요

도시의 새벽

태양은 어둠의 저편에서
푸른 행성을 돌려 치고 올라와
거친 호흡으로 바다를 유린한다
편치 않은 심기를 토해 낸다

붉은 피를 뿜으며
미친 듯이 행성을 돌려
기어이 저편 바다에 올라와 있다

얼어있는 겨울 산을 단호하게 잘라내며
도시를 굴리고 있다

집집마다 창문을 자르고 있다

툭 치면 깨어질 도시는
태양의 붉은 노여움에 어깨를 웅크리며
출근을 서두른다

낮달을 삼킨 태양은
또 하루를 뒤집어 돌리고 있다

틈

그대와 나 사이에
깊어진 골이 접혀지면
사이란 경계는
서로에게 당겨져 틈새 하나 없다

그대와 나 사이 골이 깊어져
그 틈새가 서로 맞닿으면
각자의 자아로 숨이 막힌다

그대와 나 사이에
깊어진 골을 서로에게 밀고 오면
그 사이 틈조차 없어진다

언젠가 둘이 하나 되어 얻는 것은
나약함과 죽음뿐

그대와 나 사이에
많은 틈새가 제거되어 하나 될 때

우리 모두는 죄인이다

개기 일식

반쪽은 어둠이
반쪽은 빛이 먹어버린 달

한입 날카롭게 베어 물고
한입 물어 부드럽게 굴리며

어둠과 빛이
쫓고 쫓기다 합방하던 날
거룩한 섹스

단 한 번의 사랑으로
어둡고 차가운 고독은
수절과부로 견디어 낸다

반쪽은 어둠이
반쪽은 빛이 먹어버린 달

침묵의 도시, Malta

균열간 창문
깨어진 접시
먹다 남은 술병
목발 옆 장화 한 짝
등 돌려 앉아 있는 푸른 그림자
벽에 걸린 빛바랜 훈장과 군복
베어지듯 그늘진 거실 바닥
창문 밖 마른 넝쿨
휘어진 좁은 벽을
고양이 발톱 같은 햇살이
할퀴고 있고
물밀듯이 어둠이
골목을 채운다
침묵의 도시, 말타에
가로등이
하나 둘 켜진다

야생화

깊은 산 계곡에서
하늘 끝자락을
만지작거린다

제 몸 흔들어
하늘을 휘젓고
꽃잎으로 키질을 한다

돌 틈으로 찾아온
하늘 끝자락도
만지작거린다

바람에 실려 온
물방울을 까불러
별들을 담아 던진다

알알이 별꽃이 튕겨 나간다

돌 틈으로
하늘을 불러들여 희롱한다

파울 첼란

스스로 서늘하고
어둑어둑하게 살다간
루마니아 시인, 파울 첼란

삶의 절망 속
허공에 덩굴처럼
세상 것을 움켜잡았다

그는
가스실 문 앞에서 살아남았다

산다는 것,
한치 앞을 알 수 없는 삶을 경험했다

그는
수면 속 차가움을 더듬는 나무뿌리처럼
어떠한 흔적도 남기지 않은 채
어두운 파문 아래 가라앉았다

그는
이십대에 중년의 모습으로
세상 밖으로 나갔다

꿈

삶이 한낮 꿈이었다는 말은
죽은 후 몸 밖으로 나와
허공에 붕 뜬 채
이 곳을 내려다보아야 알 일

가벼운 군상들 틈에서
이곳을 내려다 봐야
몽롱했던
꿈들을 기억한다

신화 같이
시작된 여름밤의 꿈

멱 감고 고기 잡던 일
도시로 올라와
추웠던 봄날부터
헤어지고 만났던 사람들이
회전문처럼 지나간다

얼큰하고 비릿했던 청춘
광폭했던 젊은 날
흔들렸던 중년의 가을
노년의 간이역이
어제처럼 생생하다

허공에 붕 뜬 채
이곳을 내려다보아야
삶이 꿈인 줄 안다

비가 내린다

기울어 돌고 있는 이곳에
비가 내린다

수직으로
수평으로
비스듬히
발밑에서

허공에 붕 떠있는 둥근 이곳
잔기침으로 비가 내린다

서울에도
뉴욕에도
시드니에도
부에노스아이레스에도
헬싱키에도
나이든 처녀에게도 비가 내린다

케냐엔 마른 비가 내린다

머리 위로
발 밑으로
타락한 도시 위로 비가 내린다

동 베를린 정부(情婦)의 긴 장화 위로 비가 내린다

여 명

툭 부딪치면 깨어질 듯
창백한 달이
마테호른 설벽(雪壁)을 단호하게 밀어낸다

정상부터 칼로 베어져
붉은 피가 묻어난다

산중턱에 있던 내 몸까지
단층 촬영을 하듯
베어져 피멍이 든다

갈릴레오 이후의 땅이
기울어진다

하얀 달과도 멀어져간다

설벽과 내 몸은
앞으로 곤두박질치고,
시원하게 머리카락을 가르며
핏빛으로 물들어간다

갈릴레오 이후의 땅이
기울어진다

밤하늘

툭 치면 깨질 듯
청파란 얼음 속에
촘촘히 박혀있는
보석들이 위태롭다

고독한 여행길에
머리에 이고 가는 꽃잎들
툭 치면 바스러져
쏟아질 듯

회귀의 본능마저
잃어버린
빙점 아래
체념한 듯 매달려 있는 밤

어둠을 덮고
우리는
그들에게 의지한다

기 억

훗날
벤치에 앉아 있다 우연히
안녕! 재스민 향기
늦가을에 한숨
꽃잎의 슬픔이여
안녕! 따뜻함이여
그때는 전율이었고
처녀의 설렘이었지
단 한번이었던
길 위의 사랑이었지
그렇게 지나가기를
얼마나 많은 난처한 울음을,
민망한 초초함이었나
누구도 대신할 수 없었지
그땐 얼마나 낙심했던가?
이젠 한낮에 속웃음이고,
마른 열정이다
소란으로 가득했던 이 몸의
휴식이고, 고독이다

소행성의 소나기였고
어쩔 수 없었던 중금속이었다
구석구석에 숨겨져
창살에 갇힌 어둠이었다
안녕!
서재에 꽂혀있는 레코드판이여

겨울 호수

하늘을 두 동강 내고
산 그림자 단단히 잡아 놓은
얼어붙은 호수

비대칭의 경계 위에
철새들은
그림자를 잃어 버렸다

봄이 오면
앙다문 호수 안에 달과 별도
제 자리를 찾고

산그림자도
접혔던 몸을 펼쳐 놓으니

꽃들은 제 몸 풀어
고운 색실로
꽃방석을 수놓으리

제2부

소우주

회전하는 직선

서로
딴 곳을 바라보아도
한 곳에서
한 방향으로 돌고 있는
멈출 수 없는 회전

불안하다
회전하는 직선 위에
점점이 찍힌
흔들리는 점들

회전하는 직선 위에
아주 잠시
그리고
영원히
알 수 없는 어둠을 향해

회전하며 직선으로

성 장

3세 때
나는 동네 젊은 할머니들의 빈 젖을 빨았다
항상 혼자였기에

5세 때
사랑방 마루에 누워 낙숫물을 바라보았다

7세 때
혼자 마당에서 땅을 그리며 놀았다

12세 때
처음으로 재스민, 사향 냄새에 취해 잠이 들었다

15세 때
새벽녘 개울물 소리에 이유 없이 눈물을 흘렸다

17세 때
가을 햇살에 데워진 바위 위에 누워 은하수를 바라보았다

19세 때
혼탁한 도시로 나왔다

.....

50세 때
나는 다시 종이 위에서 은하수를 찾는다

이제 겨우
50광년의 공간
50광년의 시간을
헤아려 본다

수백억 광년의 사랑

태양 빛이 지구에 도달하는 시간은 8분

우리가 보는 태양은 8분 전의 모습이다

우주에서 보이는 것은
그 순간에 일어난 일들이 아닌 것이다

수십억 광년 떨어진 은하계는 수십억 광년 전의 빛

세상 밖, 수백억 광년 은하계에서는
수백억 광년 후에나 볼 수 있는 지구

서로 만지고, 째려보고, 뜯고 싸우며
난감하게 사랑하는 두 지구인

그들의 사랑이 아무리 사소해도

광선이 닿지 않은 곳, 공간 밖 공간까지
시간이 닿지 않은 곳, 시간 밖 시간까지

수백억 광년의 사랑

수백억 광년 후 이별

우리가 이별하는 모습이
가까운 이웃별에 전해질 때는
광휘로 수십 년 수백 년

그 이별하는 모습이
먼 별까지 알려질 때면
수천 년 수만 년

이별하는 아픔이
아주 먼 별까지 알려져
이 우주에 소문이 나기까지는
수십억 광년 수백억 광년

아무리 애를 써도
수백억 광년은 지나야
끝나는 이 사랑

우주 끝자락엔
오늘도 또 다른 별이 탄생한다

수백억 광년 후 이별

* **광휘 : 빛 속도**

지 구

타고 내릴 수 없는
파상 비행

끈에 묶인 듯
돌고 있는 푸른 슬픔

때론 조용하게
때론 사납게

알 수 없는 비행

언제부터인지
언제까지인지

알 수 없는 비행

연료는 태양전지
착륙 지점은 없다

곡예비행

뒤 쪽으로
이미 수백억 광년
내일은 알 수 없는 곡예비행

신호등도 없고
정류장도 없는 우주비행

우연히 탑승한 길동무들은
제각기 놀란 표정이다

신호등도 없고
착륙할 곳이 없다

끊임 없이 타고 내리는
낯선 얼굴들

내리는 사람도
타는 사람도 알 수 없는 무전여행

예비 차량도 없고
착륙할 곳이 없다

은하계로 가는 곡예비행

소우주

더 이상 쪼갤 수 없는 원자는
핵과 전자
그리고 99.9999%가 빈 공간이다

스물 두 개 원자와
수백 개의 세포로 이루어진
우리 몸도 빈 공간이다

우주 또한 별과 은하계를 보듬고 있는
텅 빈 곳이다

삼라만상(森羅萬象)이 다 텅 비어있다

우리가 채우는
욕망도
모두 텅 빈 짓

소우주이다

우 주

시간이 갈수록
멀어지고
어두워지고
허전해진다

시간이 지날수록
희박해지고
흩어지고
끝이 없다

시간이 흐를수록
불안하고
암담하게
소용돌이 친다

시간이 지날수록
더 구석진 곳으로,
매 순간
멀어져 간다

시작이 무였으니
끝도 무일 때까지

은하철도

광휘로 순백의 어둠을
찌르며 달려간다

긴 선형의 화살처럼 휘어지며
비상한다

블랙홀을 통과했다
때론
사라진다

공간 밖 공간
시간 밖 시간으로
은하기차 날아간다

잠시 정차했던
여행객을
어둠 속으로 실어 나른다

은하철도 999……

밤 이야기

태초의 불덩이
시간도 공간도 없는 혼란
카오스

10센트 은화 크기가
요동을 친다

수백억 년
폭발, 빛,
확장, 중력,
암흑
은하계의 첫 밤

불꽃, 별
태양,
빛이 도착한
행성의 첫 밤

심연의 순수
꿈의 왕궁
우주를 향한 창문 밖에

낮보다 많은 밤 이야기

생각의 속도

그 무엇도 빛보다 빠를 수는 없다
아인슈타인의 에너지 $E=mc^2$ 보다
큰 에너지도 없다

하지만 생각의 속도는
시공을 초월하는 무한의 속도이다

생각, 그리움의 속도는 무한, ∞
그러므로 생각의 에너지는 무한하다

$$E = m\infty^2 = \infty$$

생각만 해도
기운이 나고 눈물이 난다

눈이 없어도 볼 수 있고
귀를 막아도 들을 수 있고
발이 없어도 갈 수 있으며

입이 없어도 부를 수 있고
팔이 없어도 안을 수 있는
생각의 속도

그 생각을
내려놓으면
까닭 없는 잠만 잔다

궁 금

세속적 창조,
대폭발 전 불덩이는
시공이 하나로 응축됐었던 특이점

거대한 우주를 쑤셔놓은 덩어리는
혼란 속에서 튀어나왔다

수백억 년 식어진 광활한 우주 속에
태양계를 찍어보면

기적 같은 점

까마득한 그 속에
출렁이는 물방울

그 속에서
물안개보다
민들레 씨앗보다 더 미미하게

순간 왔다 가는 존재는
철학자의 몫이라 해도

도대체
어디로 가는지는 참 궁금하다

중력과 은총

미약하지만
움직이는 모든 것을 지배한다
빛도 그 앞에서는 휘어진다

은총만이 예외다

멀어지려는 힘만큼
잡아끄는 힘
그는 구석구석 시공간을
지배한다

암흑 속 어떠한 것도
그로부터 자유로울 수 없다

은총만이 예외이다

튀어나온 우주를 쑤셔 넣으려는 집착
움직이는 모든 것에 집착한다

우리는 그 덕에 산다

하지만
은총만은 예외다

시작과 끝

태초의 혼란 속에
빛이 있어 시공간이 생겼고
물질이 있어 중력이 나왔다

무에서 시작됐으니 끝도 무이다

$0 = 1 - 1 = 2 - 2 = 3 - 3 = \cdots = 0$

광속으로 커지는 무한한 공간
시공의 끝자락을 잡아당기는
반 중력

암흑 속으로
멀어지며
희박해진다

$\cdots = 3 - 3 = 2 - 2 = 1 - 1 = 0$

모두 다 과거

우리 은하,
안드로메다 별빛은
오래전에 떠나온 빛

오늘
태어난 별빛은
수백 광년 후에나
볼 수 있다

은하계에 생명체가 있어 교신을 한다면
오늘 보낸 신호에 대한 답은
오고가는 데만
수백 광년,
500만 년 후가 될 것이다

우리가 보고 듣는 것들은
모두 과거의 빛과 파장,
소리

우리가 함께
현재를 살 수 있을까?

인연 · 1

시작도 끝도 알 수 없는
광활한 우주 속
티끌보다 작은
덩그러니 떠 있는 점 하나

멈출 수 없는 이유로
돌고 돌아
한번도 가 본 적 없는
또 다른 하루를 만드는 곳

그 속에서 만난다는 것

인연 · 2

태초에 폭발이 있던 날부터
지금까지
어림잡아 150억 년
우주의 나이를 1년으로 하고
10억 년을 24일로 하면
2월에 별이
4월에는 은하수가
9월에 태양계
지구의 탄생은 9월 중순
9월 말에는 단세포가

크리스마스 선물로는 공룡이
인류의 탄생은
12월 31일 12시 53분
12월 31일 12시 59분 56초에는
이슬비처럼 의인이 다녀갔다

태초 이후
우리들의 역사는 불과 4초
찰나의 순간
기적 같은 곳에서 잠시 함께 한다는 것

인연 · 3

광휘로 팽창하는 광활한 우주
1000억개 은하계 속에서
신이 찍은 태양계를
한 수학자가 계산했다

10의 10승의 123승 분의 1인

$$\frac{1}{10^{10^{123}}}$$

기적 같은 점이다

점이랄 것도 없는 점 속에
작은 행성

회전하는 그 속에서
있는 힘을 다해 살아가는 이들이
우연히 지나친다

시

이곳으로 수십억 광년
위쪽으로 수백억 광년
이곳으로 달려온
빛바랜 별빛은
알알이 밤하늘에 박혀
시가 되었다

저 하늘 뒤편으로 떠난 별빛은
칼끝 같은 광속으로
지금도 어둠을 찌르며
암흑 속으로 사라진다

아무리 달려도
어디에도 닿을 수 없는
영원한 방랑자

그 별빛에 잠 설치는 밤은
시가 되었다

시간 · 1

시간이란 놈은
나를 앞서 갈 수 없다
나와 함께 갈 뿐이다

휘어지지도 않고
멈추지도 않은 채
광휘로 달려가지만
나를 앞서 갈 수 없다

어제와 내일도
선 위의 점이고
점하나 사이로
지나간다

일초 전의 내가
지금의 내가 아니듯
점점이 선 되어 변해간다

시간이란 놈은
점과 직선으로
움직이는 비대칭

광활한 세상 끝에서
낸 호흡 끝자락까지
함께 간다

시간이란 놈은
나를 죽이지 않고는
앞서 갈 수 없다

나는
시간의 끝자락이다

시간 · 2

오래된 하루살이 화석
굳은 흙빛 날개에서 묻어나온 태고적 시간이
창문으로 들어왔다

비릿한 세속의 시간을
실리콘으로 봉해 놓고
불을 켜보니 꽉 들어찬 굳은 긴장뿐이다

창문의 봉합만 뜯어지면 와락 달려나가
다시는 돌아오지 못할 곳으로 날아갈 것이다

마지못해 갇혀 있는 그들을 애써 모른척 하지만
나는 안다
온 집을 통째로 끌고 가는 것을

빛 바랜 흑백 사진
주인보다 오래 살 옷가지들
시효 지난 서류들까지 통째로 굴리며 간다

또 하루가 끌려간다

공 간

오래전
한 점이 폭발했다

폭발을 하기 위해서는
두 개의 공간이 있어야 가능했다

하나는 폭발성 불덩이
다른 하나는 그 불덩이가 있을 주변 공간

붕 떠 있든
어딘가에 놓여 있든
공간이란 것이 있어야 가능했다

중심이었는지
변두리였는지
혹은 하나였는지
여러 개였는지 알 수는 없으나

흩어지는 은하를 거꾸로 돌려 다 모으면
한 점

그 점이
어디였는지 궁금하다

지뢰밭

초기 우주는
수십억 도

급하게 식은
태초의 빛은 삼천 도

오늘날까지 서서히 식어온 온도는
절대온도 3도, 영하 270도
극 초저온이다

모든 원자의 운동마저 멈추게 하는 저온이다
그래서 퍼펙트한 Cosmos 우주이다

만약 조금만 더 식어

$$\lim_{T \to 0} \triangle S \to 0$$

엔트로피의 변화마저
0도에 가까워지면
행성과 운석들의
움직임이 멈춘다

우린 겨우 움직이는 곳에서
차디차게 생존하고 있다

저기
한 여자가 걸어 온다
신체온도 37도, 절대온도 310도

엔트로피가 극도로 혼란스럽다
폭탄이다
지뢰밭이다

우주는 건강하다

* △S : 무질서도의 변화, 엔트로피 변화

이 브

신은 심심했다

불꽃놀이로
은하계를 배치하셨다

불꽃 외곽지점에
태양계를 찍으셨다

점이랄 것도 없는
기적같이 작은 점이었다

한 행성 위에
산과 들을 그렸고,
바람과 물을 초대하셨다

곡식과 과일이 풍부한 바그다드에서는
진흙으로 남녀를 빚으셨다

그들을 위해
물고기
짐승들
나무와 꽃을 그리셨다

그 곳에
탐스러운 과일이 열렸고
뱀도 한 마리 있었다
……

세상은 다시 시끄러워졌다

은총

살아서 이곳을 탈출한 사람은
한 명도 없었다

앞으로도 영원히 없을 것이다

그를 벗어나
세상 밖으로 나간다 해도

누구든
몸만은 두고 가야했다

이슬비처럼 오셨던
의인만이 온전히
오셨다 가셨다

은총만이 가능했다

통일장

서로 당기는 중력
서로 밀어내는 척력
서로 느끼는 전자기력
서로 뭉치려 하는 핵력

이 모든 것을 통일장으로
풀어 보려는 방정식들

그냥 내버려 둬도
아름다운 이곳을

굳이 방정식으로 풀고 있는
인간들

거기 누구 없나요

달과 마주한
마테호른 산장에 누웠다
빙하 계곡 아래로 언 돌이 떨어진다

몇초 후
암벽에 부딪치던 소리에
솜털은
수직으로 서 있었다

계곡 바닥에 구르던 소리가 멈추자
창문엔 별이 와 있었다

시끄러워 내려왔다고 했다

나는 물었다
우리 말고 거기 누구 없나요?
우리뿐인가요?

그러자 별이 속삭였다

이 소란스러운 우주에
우리만이라도 조용히 있자고

한참 후
얼음조각이
허공을 가르며
계곡 아래로 떨어졌다

솜털이 다시
수직으로 서 있었다

탑 승

추운 겨울 날
산자락에 불 밝히던 신화 같은 마을에서
지구 행성에 탑승했다

그때도 행성은 거침없이 돌며
기병대 같은 눈보라를
검푸른 바다 위로 몰아가고 있었다

행선지도 분명치 않고
정류장도 없었지만 많은 사람들이
타고 내렸다

모두 같은 행성의 탑승객이었다

끝임없이
순서대로 탑승했으나
하차만은 순서가 없었다

어느 날 예고 없이
정류장도 없고 목적지도 다른 곳에서
탑승객들은
난감하게 하차했다

하지만 예외 없이
제 몸만은 다 두고 가야했다

몸을 갖고 하차했다
탑승했던 유일한 승객은
예수뿐이었다

은총이란 티켓만이 가능했다

예수 이후로
많은 사람들이 타고 내렸다

특등석
일등석, 이등석
구차한 짐칸에 탑승했으나
하차하던 목적지는 아무도 모르는 곳
불볕 속으로
광야의 추운 곳으로
암흑 속 허공에 하차할지
꽃구름 속에서 베아트리체를 만날지

알 수 없는 미래의 정류장에
오늘도 많은 탑승객이
기다린다

하늘 끝자락

어디서부터가 하늘인가

산 위부터인가
새가 나는 곳인가
구름이 있는 곳인가
별들이 있는 곳부터인가

어디서부터 하늘 시작인가
땅 끝부터인가
계곡 바닥부터인가
빛이 닿은 곳부터인가

어디부터 하늘 시작이고
하늘 끝인가

땅 위부터 우주 끝
빛이 닿는 곳까지
소리의 파장이 퍼지는 곳까지
시간이 순간 멈추는 공간까지
하늘 시작 하늘 끝

땅과 하늘 사이에
내가 서 있다
이 작은 몸이
하늘 시작 하늘 끝
우주 시작 우주 끝

잠시
손등에 하늘을 올려놓고
접어도 본다

속눈썹으로
하늘 끝자락을
까불러 본다
경쾌한 걸음으로 걷어차 보고
혀끝으로 맛도 본다

강자락
산자락
꽃술
꽃잎이
하늘 시작 하늘 끝

나 무

나무는 비어 있어
모두를 머물게 한다

땅에 뿌리 내리고
해와 달에 손을 뻗고
비축된 태아처럼
꿈틀거리는 대지를 잡고 있다

옛 추억을 찾아
손을 벌려 바람을 잡고
강의 부름에
온몸으로 응답한다

신이 떠난 이곳에
궁핍한 소리를 듣고
고독한 울림으로
옛 추억을 말한다

그들은
추억을 알고 있다

채움은
언제나 비움으로 가능한 일

나무는 비어 있어
우주를 머물게 한다

무 한

1이라는 거리에
절반 접근하고
절반의 반을 더 접근하고
절반의 반인 그 절반을 더 접근하고
무한히 반복해서 그 절반의 절반을 더 접근해도

$0, \frac{1}{2}, \frac{1}{2}+\frac{1}{4}, \frac{1}{2}+\frac{1}{4}+\frac{1}{8}, \frac{1}{2}+\frac{1}{4}+\frac{1}{8}+\frac{1}{16}+\cdots$ 와 같이
우리는 결국
$1 - \frac{1}{2^n}$ 에까지만 도달 한다

n이 아무리 크다 해도 $1 - \frac{1}{2^n}$ 은

항상 1이란 거리보다 작다

영원히 1에 도달할 수 없다

무한히 많은 단계를 거쳐도
도달할 수 없는 것이 있다

사람이 그렇다

지 구

사막의 모래알
물 한 방울
슬픔마저 다 챙기는
욕심쟁이

허공에 붕 뜬 채 돌며
모든 것에 집착하는
혹등고래의 눈물
가득한 곳

제3부

우리가 사는 이 땅에

이별이란

이별이란 간단한 일이 아니다

수백억 광년의 역사를 정리하는 것이고
우주에서 한 사랑이 사라지는 것이다

한 사랑이 화석화 되는 것이고
온 지구가 쓸쓸해지는 것이다

알 수 없는 미래로 떠나는 또 다른 여행이고
만유인력의 고독이다

무에서 또 다른 존재를 찾는 수행길이고
철학자의 길이다

나를 만져 봐도 외로운 것이고
음식을 먹다가도 웃고 우는 것이다

노래를 듣다 읊조리는 것이며
울리지도 않는 헨드폰을 꼭 쥐고 자는 것이다

이별이란
미래를 닫아버리는 창문이다

깨지면 날카로운 날을 세우지만
그 상처가 그리운 것이다

두 물고기

파도타기 하던 숫 물고기
바위 틈새에 아늑한 곳을 발견했다며
따라오라 손짓을 했다

바다 속에만 있던
작고 예쁜 암 물고기는 우연히 만난
건달 물고기를 따라 용기를 내어 파도 위로 올라왔다

파도에 지느러미가 찢기고
암초에 부딪치며
며칠 밤을 새워 죽을 힘을 다해 쫓아온 암 물고기

맥박과 호흡이 약하고
졸음으로 몸도 못 가누지만
충혈된 눈만은 놀람으로 젖어있다

암 물고기에
수놈 물고기는 입을 맞춘다

지친 암 물고기는 입초차 못 벌리고
안도감에 작은 몸을 웅크린 채 파고들며
깊은 잠에 빠져 든다

파도를 피할 수 있는 바위틈새(독살)에서
힘들게 찾은 안도감에 잠이 들었다

그 둘을 데려온 파도는 썰물과 함께 사라지고
뭍으로 변해갔다
아늑했던 바위 틈새는 점점 말라가며 태양 아래
노출된다

두 물고기는
부족한 수분과 산소를 입맞춤으로
나누며 필사적으로 버틴다

등은 갈라지고 지느러미는 오그라들더니
이내 몸이 틀어진다

파도는 이처럼 거칠게 밀려왔다
소리 없이 달아나 둘을 고립시켰다

태양 아래 둘은
입맞춤으로 거친 호흡을 나누고
말라가는 두 눈을 부릅뜬 채 기다린다

밀려 올 파도를
장엄한 죽음을...

* 독살 : 해안가에 돌담을 쌓아 밀물 때 물에 잠긴 돌담 안으로 들어온 고기가 썰물 때 나가지 못하게 하여 고기를 잡는 방법.

사랑 · 1

축축한 땅 속에서
오랫동안 기다렸다
제 살 뜯어 껍질 벗은 나비는
마침내
날개를 펴고 날았다

그러다
어둠 속에서 불빛을 보았고,
그 속으로 뛰어들었다
빛을 내며 사라지는
허공의 불덩이

무서운 몰입
비극적 황홀

사랑 · 2

산골 마을 잡놈이
양은냄비 던지며 동네 누이와 한바탕 했다

몸뚱이, 쥐덩이 잘못 놀린
누이는 면장댁으로 도망갔다

잡놈은 저녁 무렵에야
생 웃음 지으며
어색하니 툇마루 끝에 걸터 앉았다

허튼 소리만 늘어놓다가
가잔 말도 없이 일어서면
누이는
또 그렇게 그를 따라 나섰다

그들은
밤새 짐승처럼 사랑을 했다

싸리꽃이 다 떨어지도록

사랑·3

젖은 꽃길 열리고
꽃잎과 민달팽이
잔비에 젖던 날

꽃 내음으로 가득한 우기(雨氣) 속

꽃비가 내린다

그리움·1

창밖으로
또 다른 내가
공기를 밟듯이
끊일 듯 끊어질 듯 이어진
좁은 산길을 따라
기억의 무늬를 찾아 나섰다

고요하고 어두운
길 끄트머리 덤불 속을
들여다보니
지독히 굶주린 채 똬리를 튼
꽃뱀이 있었다

그리움 · 2

외로움과 그리움은
쌍생아(雙生兒)

탯줄 같이 한
두 얼굴이다

더러는
외로움에 업혀 자라기도 하고
그리움 포식하고 살찌우기도 하는
가슴으로 키우는
우량아

나는
두 아이를 기르는
홀아비

그리움·3

꼬아 늘이면
그대
창에 닿을까

땋아 늘이면
그대
마음에 닿을까

밤새워 퍼내도
드러나지 않는
바닥

퍼내면 퍼낼수록
흘러넘치는 가슴

그 봇물에
동아줄을 드리운다

우리가 사는 이 땅에

언젠가
월곡(月谷)에서 보내온 사진 속에는
도살장 끌려온 소 눈처럼
눈물로 가득했다

금새라도
쏟아져 내릴 듯
힘겹게 매달려 있다

언젠가
깊은 곳 바위틈마다
납작하게 고여 있던
슬픔 한 방울마저
다 떨어져

천년의 주저함이
알몸을 드러내는
가벼운 날이 왔으면 했다

* 월곡(月谷) : 달

길

길을 잃었다
이미 알고 있는 길 위에서

길을 찾느라
꽃과 나무 가지를 밟고
애써 만들며 오던 길 끝에서
뒤를 바라보았다

잘못 들어선 길이 더 아름다웠다

복권

며칠간 유효할
돈다발을 아내에게 주었다

확인되기 전까진
희망을 준 후에야

저녁상을 받았다
도시가 내려다 보인다

고 향

파란 하늘 하얀 해는
어둠으로 가는 문인가

밤하늘의 둥근 달은
별들에게 가는 문인가

별을 밟고 걸으면
곧 닿을 듯한 길

내 마음 오고 가는
고운 빛 하늘 길

두둥실 걷다가
비라도 되어 가보고 싶은 곳

해지는 봄날

바람으로 드러나는
순 파란 잎들 사이로
수직의 칼날이 내려 꽂히는
봄날

꼬르르 꼬르르
종달새 굴리는 음계가
햇살 사이로 퍼져나간다

떨어지는
햇살에 빗금을 긋고
음계를 만든다

빗금 사이로
마차 한 대가
지나가며
어둠을 실어 나른다

방 황

낯선 곳
이른 새벽
문틈으로 바람이 지나갔다

비에 젖은 가느다란 바람
들어오라 했다

훗날
그 비바람에
쓰러질 줄도 모르고

기다림 · 1

빈 거미줄
바람에 떨리듯
솔새의 작은 가슴 뛰듯
싸리꽃 고개 들듯
담벼락에 기대어

기다림 · 2

기다림도
부화하면
학이 될까

학이 되어
긴 목 늘이고 바라기 할까

날아서 닿을 수 없는
닿을 수 없기에
기다려야 하는

가슴엔듯
이마엔듯
얹고 사는
아픔 하나

먼 훗날

따뜻한 거실 창밖에
눈이 내린다

나타났다 사라지고
가라앉았다 허공에 뜬다

극명한 선 위로
새떼 날아간다

숨죽이며 다녔던
지난 일들이
잠시 창가에 머물다 간다

나타났다 사라지고
가라앉았다 허공에 뜬다

거실은 더없이
아늑하다

하늘 이불

하늘 이불 덮고
꽃방석에 누워
밤하늘의 별들을 바라보니
나는 어느새 꽃단장

당 황

커피와 서류들로 가득한 책상 위
노트북을 켜놓은 채
흘리는 식은땀이
작은 가슴골을 따라 흐른다

창밖을 내다보며
딴청을 부려도
흐르는 땀은
기억을 더듬는 애씀이다

이렇게 먼 곳까지
벌건 대낮에도 찾아올 줄은
꿈에도 몰랐다

임 종

손발이 까매지도록
누워만 계셨지요

당신은
이별할 때도 조용하셨죠

말하기마저 힘들 땐
깨물며 대화했고
깨물 수도 없을 땐
맥박으로 대화를 했습니다

헤어져야 할 때
나는 노래를 했고
당신은 눈물만 흘리셨습니다

그리움은 한 줄이 되어
어둠으로
멀어졌습니다

…, 4, 3, 2, 1, 0

집착 · 1

후두득 비가 내린다
나뭇잎 사이로
비가 내린다

숲속길에
말이 달려갔다

질컹한 말똥 위에
죽은 듯 엎어져
빨판을 펼쳐 놓은
민달팽이

집착·2

허공에 붕 뜬 채
돌 수밖에 없다고
슬픔만 키워왔지

멈출 수 없다고
나타났다 사라지는 모든 것을
보듬고 왔지

민들레 씨앗
모래알
이슬방울마저
꼭 껴안고 왔지

눈물 가득 출렁이며
혹등고래를 품고

세상 밖으로

그는 새벽에 집을 나섰다

며칠간 여기저기 떠돌다
바닷가에서 고향친구도 만났다
그들은
몇 마디 인사를 나눈 후 헤어졌다

며칠 뒤 그는
동해가 보이는 산에 올라 소주를 마신 후
세 장의 명함 위에 마음을 남겼다

친구들에게
아내에게
형에게

소나무에 몸을 맡긴 채
작은 새 되어 날아갔다

제4부

시집 평설

■ 시집평설

우주시대의 새로운 詩域에 도전

박진환
(문학평론가・문학박사)

1. 前提

　정서나 사상을 상상력을 개입시켜 언어 또는 문자를 빌어 표현한 예술작품을 문학으로 정의하는 것은 지극히 상식이다. 이와는 반대로 산업・생산 기술을 창조・개발하기 위하여 체계화된 학문을 공학이라고 하는 것도 역시 정의의 ABC에 속한다.
　문학과 공학의 대비 중 전자의 상상력과 후자의 기술은 대립 개념을 지니고 있다. 그것은 상상이 어떤 사물이나 현실에 관하여 마음 속에서 그려보거나 떠오르게 하는 정신적 능력인데 반해 과학은 실제로 응용하여 자연의 사물을 인간생활에 유용하도록 개발 가공하는 수법이기 때문이다. 전자가 정서적 능력인데 반해 후자는 인식의 확실성을 이끌며 하나의 체계를 구축하는 실용적 수법인 셈인데 이 때문에 상반의 개념을 성립시키게 된다. 즉, 문학가들은 그들이 믿고 상상하는 것을 눈으로 보지만 자연과학자는 그들이 눈으로 보는 것만을 믿는다.

그러므로 문학과 과학, 곧 내면적인 것과 객관적인 것의 대립 개념은 20C에 오면서 예술철학의 요청에 의해 대립이 아닌 상보적 관계 유지를 불가피하게 했다. 곧 예술을 천성으로 보았던 19C적 관념철학이 20C에 들어오면서 실증철학의 요청에 의해 관념적인 것을 객관화하지 않을 수 없음으로써 천성을 기술로 대체할 수밖에 없었기 때문이었다.

내면적이고도 정신적인 것의 객관화는 관념이나 정서유희의 산물인 문학을 객관적 실물이나 실체, 실재나 실물 따위의 실존적 현현을 요구함으로써 천성이 기술로 대체되고 있다. 이로써 이른 바 시간예술이 공간예술로 둔갑하는 일대 전환점을 마련했던 것이 20C 문학 전반에 걸친 혁명이었다고 할 수 있다.

존재의 탐구나 존재화 그리고 존재의 발견 등이 20C 문학의 주제가 되었던 것은 이 때문이고, 이를 실재화하고 실천 및 실현하기 위해서는 고도한 기술이 요구됐던 것이 20C 예술 창조의 기술인 의도적 제작이나 기도된 제작, 더 나아가 現代的 企劃으로까지 확산되기에 이른 것은 주지하는 바다.

이러한 전제는 상상과 기술이 따로따로가 아닌 相補的 연계성을 지닌다는 뜻과 함께 예술의 전유물인 상상과 과학의 전유물인 기술이 서로 원용되고 있음을 말해주는 것이 된다. 특히 현대처럼 한 분야의 전문성에 대한 해체와 함께 여러 분야의 전문성을 겸업하고 있는 추세는 현대가 겸업시대라는 것을 말해주고 있다.

김익진 시인의 경우도 예외는 아닌 것 같다. 그는 재료공학 및 신소재공학을 강의하고 있는 현역 교수로서 공학박사 학위를 소지한 전문 과학인이다. 그런 그가 시집을 상재하는 것은 분명히 전문성을 해체한 포스트모던과 무관하지 않기도 하지만 그의 겸업선언을 의미하는 것으로 받아들일 수도 있게 한다는 점에서 또 다른 의미를 지니게 된다.

김익진 시인은 『조선문학』 신인작품에 시가 당선되어 시인의 길에 들어선 뉴 페이스다. 그런 그가 시집 『회전하는 직선』을 엮어냄으로써 예술과 기술을 융합하고 있는데 이는 상상과 기술이 따로따로 아님을 단적으로 보여줌과 동시에 그의 겸업선언을 실증적으로 보여준 것이라 할 수 있다.

시집 『회전하는 직선』에는 1백여 편의 시가 3부에 나뉘어 수록되고 있는데 제1부의 시편들은 짧은 시형속에 매우 재기가 넘치는 순발력으로서의 위트가 번뜩이고 있음을 보여주고 있고, 2부의 시편들은 자신의 전공분야의 여러 지적 편린들을 시로써 형상화 해주고 있어 과학의 시적 접목의 실제를 명징하게 보여주고 있다. 그리고 3부의 시편들은 시인의 소박한 일상과 개인적 삶이 환기시키거나 체험의 재구성을 통해 시로써 형상화 되고 있는데 시를 제시, 이를 구체화 했을 때 시집 『회전하는 직선』의 시세계에 접근될 수 있을 것으로 여겨진다.

2. 『회전하는 직선』의 다양성 조명

시집 『회전하는 직선』은 제목 자체가 충격을 안겨준다. 그것은 회전은 한 점을 축으로 설정하여 빙빙 돌아감을 지칭함으로써 꺾이거나 굽히지 않는 곧은 선이 성립될 수 없기 때문이다. 혹여, 공학적으로는 회전하면서 성립되는 직선이 가능한가에 대한 의문이 제기 되는데 시집 서문격인 「시인의 말」은 그 해법의 실마리를 제공해 주고 있다.

> 꽃 피고 꽃 지는 것을 보면서도
> 나는 아니겠지 하고
> 번개치고 천둥치는 것을 보고도
> 짧은 삶 모른다
>
> 비 오고 그침을 보며
> 세월 가는 줄 모르고
> 해 뜨고 해 지는 하루가
> 같은 날인 줄 안다
>
> 모든 것이 지나간다
> 회전하며 직선으로

 제시된 「책머리에」 글은 본디 「세월」이란 제목이 붙어 있던 한 편의 시다. 시였건, 책머리에 글이었건 제시된 글의 중심자리엔 세월이 축으로 설정돼 있고, 그 세월의 축을 중심으로 되풀이 되는 삶이 연속성의 회전을 거듭하면서 되풀이 되고 있다. 이것이 다름 아닌 현존하는 인간의 삶이고 인간 자체다. 인간이 영위하는 삶은 회전의 연속성에 의해 진행되고 그 진행은 생에서 사로 이어지는 시종 동일한 방향을 갖는 직선을 성립시킨다. 이러한 생의 되풀이와 되풀이 속에서도 가속화 하고 있는 시간, 곧 세월은 회전하는 생을 직선으로 진행시키기 마련이다. 이러한 생을 회전과 직선으로 그려낼 수 있는 기발성은 매우 돋보이는 위트이자 순발력이고 그 둘을 합일시키는 것이 컨시트의 역할이라고 할 수 있다.

일찍이 엘리엇이 「푸루프록 연가」에서 '나는 내 생애를 / 커피 스푼으로 되질해버렸다'고 한 생의 허비를 커피 스푼으로 메티화 함으로써 전후 비전 없는 삶을 문명의 산물인 '커피'와 '스푼'으로 제시했듯이 김익진 시인은 과학자답게 '회전'과 '직선'으로 미래지향적 삶을 척도하고 있어 번쩍이는 지적 광채를 체험하게 해주고 있다.

이쯤에서 시집 속을 들여다보기로 한다. 먼저 제1부 「광장에 앉아」에는 시 「무지개·1」외 32편의 시가 수록되고 있다. 비교적 시형이 짧은 단시형을 지니고 있는데 그만큼 재빠른 순발력으로 포착했거나 지적 터치에 의해 시적 대상을 재단하다 재구성해주고 있는데 상상력·위트 등의 상보적 역할이 형상화를 돕고 있다. 몇 편의 시부터 제시해 본다.

    가) 꽃 진 자리에
       마침표 하나

       낙화인 줄 알았더니
       꽃 눈물

       눈물로 떨구는
       피 한 방울

    나) 오후까지 길게 누워 있던
       그늘이 일어선다
       손에 손을 잡고
       구석구석 색깔을 훔친다
       융단을 접듯이
       서쪽으로 모여든다

산과 강을 건너 바다 끝에 이르자
　　비스듬히 일어난다
　　핏빛으로 물들어
　　숨을 몰아쉬는 불덩이를
　　내려다본다
　　하늘과 땅 사이에
　　한 치의 틈도 없이
　　그림자가 눕고 있다
　　태양이
　　마직막 숨을 고른다

　예시 가)는 「꽃 눈물」, 나)는 「노을·1」의 각각 전문이다. 불과 6행과 16행의 단형시이지만 그 속에 담고 있는 것은 자연이나 우주적인 것이다. 예시 가)는 기실 낙화를 다루고 있는데 연은 3연으로 되어 있지만 행수론 불과 6행의 단형시다. 1연 '꽃 진 자리에 / 마침표 하나'는 낙화를 형상화한 것이지만 그 속엔 자연의 질서나 질서에 연계되는 인생론적 종말의식이 자리하고 있다. 2연에서 '낙화인 줄 알았더니 / 꽃 눈물'이라고 '낙화'를 '꽃 눈물'로 변용시킨 솜씨는 기발한 컨시트로서 번쩍이는 광채를 느끼게 한다. 그리고 3연 '눈물로 떨구는 / 피 한 방울'도 재치 있는 포착이자 지적 터치다. 낙화와 마침표, 꽃 눈물과 피 한 방울의 순간에서 순간으로 이동되는 순발력은 번쩍이는 위트와 함께 기발성으로서의 돋보이는 컨시트를 보여주고 있는 것이 된다.

　예시 나)에서의 노을도 예외가 아니다. '누워 있던 그늘이 일어선다'는 포착력과 '융단을 접듯이' 노을을 재단해내는 변용의 솜씨는 돋보인다. 특히 '노을'이라는 한 순간을 여러 동태적 이미지를 빌어다 재구성해내는 돋보이는 결구력도 만만치 않은 형상화에 값하고 있다고 보여진다.

예시뿐만이 아니라 수록된 대부분의 시편들이 보여주는 시적 설득력도 예시와 동류항의 것이거나 연계맥락을 지니고 있어 시인의 시력과 함께 지적 터치에 의한 지적 조작의 능력을 보여주고 있어 현대적 기획으로서의 시범에의 충실을 읽게해 주고 있다.

제2부 「소우주」에는 시 「회전하는 직선」외 32편의 시를 수록하고 있는데 1부나 3부의 시편과는 전혀 성질이 다른 시편들이 눈길을 끌고 있다. 시 「수백억년의 사랑」, 「수백억년 후 이별」,「지구」,「소우주」,「우주」,「은하철도」 등 이색적 소재랄까, 우주적 소재랄까, 상상을 초월한 과학적 차원의 높이에서나 성립될 수 있는 그런 시적 도전이 아닌가 싶다. 먼저 시부터 제시해보기로 한다.

> 가) 우리가 이별하는 모습이
>   가까운 이웃별에 전해질 때는
>   광휘로 수십 년 수백 년
>
>   그 이별하는 모습이
>   먼 별까지 알려질 때면
>   수천 년 수만 년
>
>   이별하는 아픔이
>   아주 먼 별까지 알려져
>   이 우주에 소문이 나기까지는
>   수십억 광년 수백억 광년
>
>   아무리 애를 써도

　　　　수백억 광년은 지나야
　　　　끝나는 이 사랑

　　　　수백억 광년 후 이별

나)　타고 내릴 수 없는
　　　　파상 비행

　　　　끈에 묶인 듯
　　　　돌고 있는 푸른 슬픔

　　　　때론 조용하게
　　　　때론 사납게

　　　　알 수 없는 비행

　　　　언제부터인지
　　　　언제까지인지

　　　　알 수 없는 비행

　　　　연료는 태양전지
　　　　착륙 지점은 없다

다)　광휘로 순백의 어둠을
　　　　찌르며 달려간다

　　　　긴 선형의 화살처럼 휘어지며
　　　　비상 한다

블랙홀을 통과 했다
　　때론
　　사라진다

　　공간 밖 공간
　　시간 밖 시간으로
　　은하기차 날아간다

　　잠시 정차했던
　　여행객을
　　어둠속으로 실어 나른다

　　은하철도 999……

　예시 가)는 「수백억 광년 후 이별」, 나)는 「지구」, 다)는 「은하철도」의 각각 전문이다. 우선 소재가 우주적이고 과학적이며 현실 밖 가상의 세계를 연상하게 하는 이질적이고도 상상적 접근을 불허한 특수성을 지니고 있어 관심이 환기된다. 예시 가)는 '이별'이 주제다. 그러나 그 주제는 지상적이고도 인사적인 이별이 아니라 우주적 이별이다. 어찌 보면 지상을 초월한 이별이고, 그 때문에 가상적, 초우주적 이별이어서 체험 밖의 이별이 될 수밖에 없는 이별이다. 그도 그럴 것이 '수백억년 후 이별'이기 때문이다. 소의로 해서 해석은 불가하고 해석 또한 허락되지 않는, 독자 수용에 맡길 수밖에 없게 된다. 문제는 해석상의 것이 아니라 이제껏 이런 소재랄까, 대상이 시에서는 다루어지지 않았다는 사실이다. 이러한 사실은 새로운 시의 도전을 통한 시역의 우주적 광역성을 요구한다는 점에서 문제제기 만으로도 큰 의미를 지닌다는 점이다. 우주시대의 도래와 함께 우주적 시역의 광역화는 시인들이 안고 있는 과제이자 실현해야 할 시적 도전이기도 하다는 점에서 김익진 시인에게 거는 기대는 크다.

예시 나는 지구를 시로써 형상화 하고 있는데 이 또한 단순한 상상으로서의 지구가 아니라 중단됨이 없이 회전하고 있는 연속성의 원리랄까, 영속성에 대한 새로운 해석이랄까를 통해 시로써 형상화 되고 있는데, '회전' 대신 '비행'으로 연속성의 회전을 대체하고 있어 흥미롭다. 회전은 일정한 축을 중심으로 벗어날 수 없는 영속성을 지니나 비행은 출발과 기착이 자유롭고 고도나 항법 또한 자유로울 수 있다. 그러나 지구라는 비행은 시행처럼 '타고 내릴 수 없는' 파상비행이고, '끈에 묶인듯' 구심점을 벗어나지 못하고 회전하는 슬픈 비행이며, 그 때문에 알 수 없는 비행이 된다. 그리고 이 알 수 없는 비행은 시작과 끝이 없는 미지의 비행이다. 출발지도 착륙지도 없는 지구의 비행은 그래서 부단한 연속성의 회전이 되어 일정 궤도를 벗어날 수 없는 되풀이가 되게 된다. 다만 다른 것은 이 제자리에서 맴돎에도 불구하고 시간은 직선을 향해 영원을 그으며 향하고 있다는 점이다. 시집 제목인 「회전하는 직선」의 모티브가 이러하지 않은가싶다.

예시 다는 일찍이 우주시대의 호기심을 자극하고 보상해 주었던 '은하철도 999'를 되돌아보게 한다. 우주비행이 가상에서 현실로 실현되고 있는 초과학적 시대에서 보면 '광휘로 순백의 어둠을 / 찌르며 달려갈 수'도 있고, '긴 선형의 화살처럼 휘어지며 / 비상'할 수도 있는, 그리하여 '공간 밖 공간 / 시간 밖 시간'으로 날아갈 수 있는 기차는 가상이나 공상이 아닌 현실로 실현될 수 있는 '은하철도'가 가능하게도 된다. 그리고 지상에서 우주를 향해 여행을 떠날 수도 있는, 가상이면서 현실적 실현이기를 바라는 우주시대의 실현 욕구를 착상으로 한 이런 시편은 과학자인 김익진 교수에게는 매우 시적 호제로 선택될 수 있는 것들이다.

해석이야 어쨌건 이러한 우주적, 초현실적, 가상의 세계를 시로써 형상화, 우주시대에 걸맞는 시대적 요청을 수용할 수 있는 容器로서의 시는 필요하다고 보고 또 값지다고 할 수 있을 것으로 본다.

끝으로 제3부에는 「우리가 사는 이 땅에」라는 타이틀로 시 「이별이란」을 비롯해 40여 편의 시를 수록하고 있다. 2부의 우주적인 것과는 달리 지상적 삶이나 인간적 삶들을 즐겨 소재화 하고 있는 3부의 시편들은 그래서 화자 자신의 내면적이고 정신·정서적인 것들과 주변적인 것들이 즐겨 글감으로 동원되고 있다. 몇 편의 시를 제시해본다.

> 가) 외로움과 그리움은
> 쌍생아(雙生兒)
>
> 탯줄 같이 한
> 두 얼굴이다
>
> 더러는
> 외로움에 업혀 자라기도 하고
> 그리움 포식하고 살찌우기도 하는
> 가슴으로 키우는
> 우량아
>
> 나는

두 아이를 기르는
　　　홀아비

　나) 기다림도
　　　부화하면
　　　학이 될까

　　　학이 되어
　　　긴 목 늘이고 바라기 할까

　　　날아서 닿을 수 없는
　　　닿을 수 없기에
　　　기다려야 하는

　　　가슴엔듯
　　　이마엔듯
　　　얹고 사는
　　　아픔 하나

　예시 가)는 「그리움·2」, 나)는 「기다림·2」의 각각 전문이다. 의도적으로 2부의 딱딱한 시적 분위기를 전환시키기 위해 정서적인 것을 골라 제시했다.

　예시 가)는 비록 정서를 다룬 '그리움'이기는 하나 정서의 자연 발로를 지양, '쌍생아', '두 얼굴', '우량아', '두 아이' 등 의인화를 통해 변용의 새 모습으로 형상화 하고 있는 점은 만만치 않은 시를 다루는, 곧 정서를 형상으로 재구성해 낼 줄 아는 솜씨라고 할 수 있다. 현대예술의 기법을 두고 의도적 제작이니, 기도된 제작이니 했던 형상화 작업을 충실히 실천하고 있다고 여겨져 시적 신뢰를 획득하고 있다고 보여진다.

예시 나)도 역시 정서의 변용을 통한 형상화를 보여주고 있는데, '기다림'을 기다림의 정서적 속성을 지닌 '학'으로 변용시켜 기다림의 정서를 학에 의탁, 환기시키게 함으로써 정서의 물화를 통한 형상화 작업에의 충실에 값하고 있어 설득력으로 작용하고 있다.

3. 결어

이쯤에서 결론은 집약될 수 있을 것으로 본다. 우주감정이랄까, 자연감정이랄까를 자연현상을 재단해다 재구성해주는 형상화의 솜씨와, 우주시대의 요청을 담아내기 위한 容器로서의 시역의 광역화, 그리고 시인 스스로의 정서적 변용을 형상으로 재구성해 낸 솜씨가 획득한 신뢰, 이것이 김익진 시인이 강의 아닌 시집 『회전하는 직선』으로 거둔 시적 성과로 제시될 수 있을 것으로 본다.

김익진 시인은 경기 가평 출신으로 RWTH Aachen공대에서 공학 박사 학위를 받고 스위스 연방공대(ETH) 초빙교수를 역임했다. 현재 한서대학교 신소재공학과 교수로 재임 중이며, 「조선문학」에 시로 등단한 시인이기도 하다.

회전하는 직선

2012년 6월 25일 인쇄
2012년 6월 30일 발행

지은이 / 김익진
발행인 / 박진환
펴낸곳 / 조선문학사
등록번호 / 1-2733
주소·110-092 서울 서대문구 홍제2동 96-4
대표전화 / 730-2255
팩스 / 723-9373

ISBN 978-89-93614-88-6

정가 8,000원

* 인지는 저자와 합의 하에 생략
* 잘못된 책은 서점에서 교환해 드립니다.